In copertina: lettering di Pemberley Pond

ISBN 978-88-296-0030-4

www.edizioniel.com

GIUDITTA CAMPELLO

LE PAROLE DEL CUORE

PER STARE BENE INSIEME

illustrazioni di
Anna Simeone

EMME EDIZIONI

Indice

TI PENSO

Marian è in aeroporto con il papà e la zia.
Che posto l'aeroporto! Ci sono corridoi lunghissimi dove fare le scivolate (*svuissssssssh*), tabelloni luminosi, negozi che vendono caramelle, giornali, profumi e cappelli. E là in fondo c'è una vetrata gigantesca da cui si vedono gli aerei.

Eccone uno che atterra!
Prima era un puntolino e adesso... com'è grande! Com'è vicino!
Quello laggiú invece sta per decollare.
È pronto! Partenza... via! Piú veloce, sempre piú veloce, finché... *Vuuuooooooooom!* Vola!

E Marian? Quale aereo prenderà? Nessun aereo.
Marian e il papà hanno accompagnato in aeroporto la zia, che farà un viaggio lungo e starà via per un tempo ancora piú lungo.
Marian però non vuole che la zia vada via. Adesso le viene da piangere.
Allora la zia si avvicina e le dice: – Ti insegno una magia.
– Che magia? – chiede Marian.
– La magia per essere vicine anche quando saremo lontane. Sei pronta?
– Pronta, – risponde Marian.
– Per prima cosa chiudi gli occhi.
Marian chiude gli occhi.

ti penso!

– Ora metti una mano sul cuore e l'altra sulla fronte.
– E adesso? – chiede Marian.
– Adesso pensa a me e di': **ti penso**!
– E cosa succede?
– Succede che il tuo pensiero vola e vola, velocissimo, piú veloce di un aereo, e arriva dritto a me.
– E funziona davvero?
– Funziona sempre, – dice la zia.
– Anche quando sarai lontanissima?
– Certo che sí.
È il momento dei saluti. Marian e il papà abbracciano la zia.
– Ciao, zia! Buon viaggio.
– Ciao, Marian!
Marian piange un po' ma poi si rasserena.
Adesso sa che, tutte le volte che le mancherà la zia, con il pensiero potrà fare la magia.

MI MANCHI

Stamattina Adam ha freddo. Anzi freddissimo! Brrrrrrrr! Un freddo da battere i denti: *tatatatatat*. Piú forte: *tatatattttt*. Ancora piú forte: *trrrrratatatatatatttttt*.

Talmente forte che la mamma arriva di corsa, gli tocca la fronte e dice:

– Adam, hai la febbre!

– Brrrrrrrrrrr, – risponde Adam.

– E il raffreddore!

– Ecciú, – risponde Adam.

– E anche la tosse!

– Cof cof, – risponde Adam.

– Hai l'influenza!

Adam si infila sotto le coperte. La mamma gli dà lo sciroppo, il latte caldo e gli fa fare l’aerosol.
– Oggi dovrai restare a letto, – dice.

Il giorno dopo, Adam ha ancora la febbre (brrrrrrrr), il raffreddore (ecciú), la tosse (cof cof).
Di nuovo sciroppo, latte caldo e aerosol. Che noia però stare a casa tutto il giorno!
Arriva la sera.
– Domani posso uscire?
– Vedremo, – risponde la mamma.
– Uffa, – sbuffa Adam, – a casa mi annoio! Voglio giocare con i miei amici!

La mamma ha un'idea. Che idea? Aspettate e vedrete.
Il giorno dopo, Adam si sveglia con la febbre (brrrrrr), il raffreddore (ecciú), la tosse (cof cof).
– Che noia l'influenza! – borbotta.
Ma prima che finisca di borbottare, arriva la mamma. Cos'ha in mano?
Lo sciroppo?

No, ha in mano il telefono e lo avvicina all'orecchio di Adam. Allora lui sente tante vocette che gridano in coro: – **Ci manchi**!
Adam le ha riconosciute: sono le voci dei suoi amici!
– Anche voi **mi mancate**! – risponde.
– Guarisci presto! – dicono loro. – Ti aspettiamo!
Adam è contento. Adesso sa che i suoi amici lo aspettano.

Dopo tre giorni e un po' di pazienza... Evviva! L'influenza è passata. Adam è felice: finalmente può tornare a giocare con i suoi amici.

SOGNI D'ORO

Frida è pronta per andare a dormire.
Pronta pronta?
Nooo! Deve ancora lavarsi i denti! Di corsa in bagno: spazzolino, dentifricio (mmm, che buono, sa di fragola) e adesso... spazzolare: *frusc frusc frusc*!

Sputare: *ptú*!
Risciacquare: *glo glo glo*!
Ecco fatto!
Adesso Frida è pronta per andare a dormire.
Pronta pronta?

Nooo! Deve ancora mettersi il pigiama! Di corsa in cameretta: via la felpa, via la maglietta, via i pantaloni! E adesso... pigiama! Infilare un piede, op! Poi l'altro, op! Una mano, op, poi l'altra, op! La testa, op!
Ecco fatto!
Adesso Frida è pronta per andare a dormire.
Pronta pronta?

Nooo! Deve ancora dare il bacio della buonanotte alla mamma, al gatto e al cane. Di corsa in salotto!

– Buonanotte, mamma, *pciú*!

– Buonanotte, Frida, – risponde la mamma e... *smuack*! Le dà un bacione.

– Buonanotte, cane, *pciú*!
– Bau, – risponde il cane e... *slap*! Le dà una leccata sul naso.

– Buonanotte, gatto, *pciú*!
– Miao, – risponde il gatto e... *purrrrr*! Le fa le fusa.
Adesso Frida è pronta per andare a dormire.
Pronta pronta?

Stavolta sembra proprio di sí.
Frida si infila sotto il piumone. Chiude gli occhi... anzi non li chiude.
«E se, quando mi addormento, sogno un mostro o un lupo feroce? Forse è meglio non dormire. Forse è meglio stare sveglia», pensa.
Ma ecco che arriva la mamma.
– Frida! Non sei ancora pronta per dormire! Ti manca una cosa importante.
– Che cosa? – chiede Frida.
– Le parole magiche per fare sogni belli.
La mamma si avvicina e le sussurra: – **Sogni d'oro**!
Adesso Frida, cullata da quelle parole speciali, è pronta per dormire e anche per sognare.

sogni d'oro!

TI ASCOLTO

A casa di Sara e Serena arriva Marta, un'amica della mamma.
Oggi con lei c'è anche il suo nipotino Pietro.

– Giocate con lui? – suggerisce la mamma.
– Va bene, – rispondono Sara e Serena. E portano Pietro in giardino.

Pietro non dice una parola, ha la faccia scura e triste.
– Forse è annoiato, – dice Sara.
– Idea! Facciamogli fare un giro sull'altalena, – propone Serena.
Sara fa salire Pietro sull'altalena. Serena gli dà la spinta.
Uno e... due!
E... tre!
E... quattro!
E... un momento! Pietro sta piangendo!
– Ferma l'altalena, Serena! Pietro piange!

– Pa... – piagnucola Pietro.
– Ma certo, – esclama
Sara, – vuole giocare
a palla!

Corrono a prendere la palla e cominciano a giocare.
Boing.
– Mia!
Boing!
– Tua!
Boing!
– Prendila, Pietro!
Ma Pietro non la prende. La lascia rotolare e ricomincia a piagnucolare.
– Pa... pa...
– Lo so io! – lo interrompe Serena. – Piange perché ha fame.
Corrono a prendere i biscotti.

Ma Pietro non li assaggia nemmeno. Mogio mogio si mette in un angolino.
Sara e Serena non sanno piú che cosa fare.
– Ma cos'ha? – chiede Sara.
– Idea, – dice Serena, – chiediamoglielo!
Sara e Serena si avvicinano a Pietro.
– Perché piangi? – chiedono.
Pietro le guarda.
– **Ti ascolto**, – dice Sara.
– Anche io **ti ascolto**, – aggiunge Serena.

Allora Pietro si asciuga le lacrime e dice: – Pa... paperella è rimasta sul sedile.

– Andiamo a prenderla! – esclamano le due sorelle.

Corrono all'auto di Marta, aprono la portiera, prendono la paperella di Pietro e gliela portano.
Pietro le ringrazia ed è felice. Adesso non piange piú e per tutto il pomeriggio, con Sara e Serena, corre, gioca a palla e va sull'altalena.

HO UNA
SORPRESA
PER TE

Luca, Filippo e Daniele
sono fratelli.
Luca è in giardino a
giocare a palla.

Filippo è in camera sua a
dipingere con gli acquerelli.

Daniele è in salotto a
guardare la tv.

No, un momento. Il televisore è spento e Daniele non c'è. Ma dov'è?
Che sia sotto il divano? Sotto il divano non c'è.
Allora forse è dietro la tenda? Non c'è neanche lí.
Dietro la libreria? Nemmeno.
Sotto il tappeto? No e no.
Allora forse è in camera di Filippo!
Andiamo a vedere.

No, Daniele non è in camera. Ma non c'è neanche Filippo. Dove sono? Dove si saranno cacciati? Forse sono in giardino a giocare con Luca. Andiamo a vedere.
Oh, no. In giardino non c'è nessuno. Non c'è Daniele, né Filippo, e non c'è neanche Luca.

Insomma, dove sono? Non possono essere spariti.
Un momento! Dalla cucina provengono dei rumori.
Andiamo a vedere... eccoli!
Ci sono tutti e tre. Sembrano molto indaffarati.
Ma cosa stanno facendo?

Daniele disegna un fiocco rosa.
Filippo ritaglia dei cuori.
Luca li incolla sul disegno di Daniele.

All’improvviso, da fuori, arriva il rumore di un’auto che si avvicina.
– Sono loro!
– Sono arrivati!
– Presto, nascondiamoci!
Luca, Filippo e Daniele si nascondono sotto il tavolo.

La porta si apre ed entra... il papà!
– **Sorpresa**! – gridano in coro i tre fratelli.
Il papà è felice. Che bel disegno hanno fatto i suoi bambini! Li abbraccia tutti e tre e poi dice: – Anch'io **ho una sorpresa per voi**.
Luca, Filippo e Daniele non stanno piú nella pelle.

Ecco la mamma! Entra in cucina con in braccio la sorpresa: una sorellina!

NON AVER PAURA

È notte. È buio. Giovanni è nel suo letto, sotto le coperte.
Dorme?
Neanche per sogno. Stanotte Giovanni ha paura.
Gli sembra di aver sentito un rumorino venire
dall'armadio.

Oh mamma! Forse c'è qualcuno là dentro!
Forse c'è il fantasma dei vestiti che si prova i suoi maglioni! E da un momento all'altro potrebbe uscire per fare la sua sfilata tenebrosa.
Che paura!

Giovanni si rannicchia sotto le coperte.
Cric!
Un altro rumore?
Questa volta veniva da sotto il letto.
Oh mamma! Forse c'è qualcuno là sotto! Forse c'è il coccodrillo coi denti pungenti che mangia le ciabatte puzzolenti. Si sarà pappato le ciabatte di Giovanni?
– Le mie ciabatte non puzzano! – protesta lui.
Ma non fa in tempo a finire la frase che...
Frusc!
Un altro rumore.
Forse è la strega Carmela, col suo passo lento e il mantello che strascica sul pavimento.

Stavolta il rumore è venuto da là in fondo. Ma là in fondo c'è… il letto di Ginevra, la sorellina di Giovanni. «Attenta, Ginevra!» vorrebbe gridare Giovanni. Ma ha cosí paura che al posto della voce gli esce un soffio.

A un certo punto... *tap tap tap*.
Dei passi nel buio si avvicinano al suo letto.
Oh mamma! È la strega! Aiuto!
Giovanni si fa coraggio, allunga la mano, accende la luce.
Clic.
Davanti a lui c'è... una strega?

Ma quale strega! È Ginevra. E sta piangendo.
– Ho paura. Non riesco a dormire, – piagnucola.
Giovanni all'improvviso ritorna coraggioso. Alza la coperta e fa posto a sua sorella.
– Vieni, **non aver paura**. Stanotte restiamo vicini.
E senza piú pensare a streghe e coccodrilli, i due fratellini, vicini, si addormentano tranquilli.

non aver paura!

CONTA SU DI ME

La nonna di Chiara fa la valigia. Sta per partire per le vacanze.

Porterà il vestito a fiori o quello a righe?
– Quello a fiori! – dice Chiara.
La camicetta viola o quella verde?
– Verde! – dice Chiara.
Il cappello con il fiocco blu o quello con il nastro rosso?
– Nastro rosso! – dice Chiara.

I jeans o la gonna arancione?
– Tutti e due! – dice Chiara.
La nonna mette in valigia anche il sapone, il pettine, l'asciugamano e le ciabatte.
Che cosa manca?
I suoi orecchini preferiti.
La valigia è fatta e la nonna è pronta. Saluta Chiara e sta per partire quando...

– Oh no! – grida. – Non posso partire!
– Perché no? – chiede Chiara.

conta su di me!

– Per la mia piantina.
Va curata tutti i giorni!
La nonna molla la valigia (*sbam*) e corre a innaffiare la sua piantina (*glu glu glu*).
Chiara allora ha un'idea.
– Nonna! Curerò io la tua piantina!
– Davvero?
– Davvero!
– Tutti i giorni?
– Tutti i giorni!
La nonna ci pensa un po' su. Guarda Chiara. Guarda la piantina. Guarda ancora Chiara e dice: – Va bene.
– Stai tranquilla, nonna, **conta su di me**!
– Conto su di te, Chiara! – ripete la nonna. Poi parte.
– Ciao ciao!

La nonna in vacanza si diverte molto. Tutti i giorni pensa a Chiara. E pensa anche alla sua piantina: «Chissà come sta!».

Sta benissimo! Chiara la cura con amore.
Tutte le mattine la sistema al sole.

Tutti i pomeriggi la innaffia
di acqua fresca.

Tutte le sere le sussurra:
– Buonanotte, piantina!

La piantina è felice, talmente felice che un bel giorno...
pop! Sulla punta di un rametto le sboccia un fiore.
Quando la nonna torna a casa, è cosí contenta della sua nipotina che decide di regalarle una piantina.

CON TE SONO FELICE

Giulio è seduto sul muretto con le gambe a penzoloni.
Si annoia un po'.
A un certo punto... *dlin dlin*!
Chi arriva? È sua cugina Bianca in bicicletta!
– Giulio, dài, salta su!

– Dove andiamo? – chiede Giulio.
– Andiamo a fare un picnic!
– Sí! – grida Giulio e con un balzo monta sul seggiolino posteriore.
Pronti? Partenza... via!
Che bello andare in bici!

Giulio si tiene stretto a Bianca e annusa il vento. Bianca va veloce e ogni tanto suona il campanello: *dlin dlin*! Attraversano il paese. La gente che li vede li saluta con la mano: ciao ciao!

– Dove andate di bello?

– A fare un picnic!

Arrivano in campagna.
– È ora di fare merenda, – dice Bianca.
Si fermano all'ombra di una quercia. Mentre Bianca appoggia la bici al tronco, Giulio stende la coperta.
Nello zaino ci sono due banane, un pezzo di torta, tre biscotti al cioccolato e una bottiglia di succo d'arancia.
– Mmmmmm, – Giulio si lecca i baffi e comincia dalla torta.
Che delizia!

A un certo punto... *plic*! Una goccia cade sul naso di Giulio. Cosa succede? La quercia piange? O piange il cielo? Ma no!

– Comincia a piovere! – dice Bianca.

Presto prestissimo, infilano tutto nello zaino, ripiegano la coperta e rimontano in sella!

Piove! *Plic plic plic*.

Bianca pedala.
Piove piú forte! *Plicplicplicplic.*
Bianca pedala.
Piove fortissimo! *Sccccccccccc.*
Attraversano la campagna, arrivano in paese e finalmente a casa.

Bianca e Giulio sono zuppi di pioggia fino alle mutande,
ma si sono divertiti un sacco!
Giulio abbraccia Bianca e dice: – Andiamo ancora a
fare un giro in bici? **Con te sono felice**!

con te sono felice!

La canzone del cuore

Lo sai cosa può fare una parola?
Coccola, abbraccia, rallegra e consola.

È sera ormai e me ne vado a letto
arriveranno i sogni, io li aspetto:
SOGNI D'ORO!

Preparati perché ti stupirò
con gli occhi spalancati dirai: oh!
SORPRESA!

Lo sai cosa può fare una parola?
Coccola, abbraccia, rallegra e consola.

Mi sento un po' triste, sai perché?
perché tu ora non sei qui con me:
MI MANCHI!

Sei arrabbiato? Triste? Cosa c'è?
Dài, se ti va, raccontami di te:
TI ASCOLTO!

Lo sai cosa può fare una parola?
Coccola, abbraccia, rallegra e consola.

Nel buio hai sentito un cigolio?
Non preoccuparti, qui ci sono io:
NON AVER PAURA!

Se proprio io non ce la faccio piú
allora per fortuna ci sei tu:
CONTA SU DI ME!

Lo sai cosa può fare una parola?
Coccola, abbraccia, rallegra e consola.

Ti sento qui vicino, e sembra strano,
sempre, anche quando sei molto lontano:
TI PENSO!

Sembrava una giornata un po' banale
ma poi arrivi tu ed è speciale:
CON TE SONO FELICE!

Finito di stampare nel mese di maggio 2020
per conto delle Edizioni EL
presso OZGraf, Olsztyn, Polonia